LE

SAHARA ET LE SOUDAN

Documents

HISTORIQUES ET GÉOGRAPHIQUES,

RECUEILLIS

PAR LE CID-EL-HADJ-ABD'-EL-KADER-BEN-ABOU-BEKR-ET-TOUATY.

AVEC UN ALPHABET TOUAREG INÉDIT.

TRADUITS DE L'ARABE

PAR M. L'ABBÉ BARGÈS,

Chanoine honoraire de l'Église de Paris,
professeur d'hébreu à la Sorbonne, membre titulaire de la Société orientale de France,
du Conseil de la Société asiatique de Paris, etc.

Extrait de la Revue de l'Orient,
BULLETIN DE LA SOCIÉTÉ ORIENTALE DE FRANCE,
Cahier de Février 1853.

PARIS,

AU BUREAU DE LA REVUE DE L'ORIENT, DE L'ALGÉRIE ET DES COLONIES,
20, rue de l'École-de-Médecine,
JUST ROUVIER, LIBRAIRE-ÉDITEUR.

1853

Ouvrages publiés par M. l'abbé BARGÈS.

HISTOIRE DES BENI ZEIYAN, ROIS DE TLEMCEN, par l'iman Cidi Abou-Abd'allah-Mohammed-Ibn-Abd'el-Djelyl-Et-Tenessy, ouvrage traduit de l'arabe par M. l'abbé Bargès, 1 vol. in-12. 3 fr. 50c.

RABBI YAPHETH BEN-HELI BASSORENSIS KARAITÆ in librum Psalmorum, commentarii arabici e duplici codice Mss. Bibliothecæ regiæ Parisiensis edidit specimen et in latinum convertit L. Bargès, professor linguæ hebræ et chaldaïcæ, etc. Lutetiæ Parisiorum, excudebant Firmin Didot fratres. MDCCCXLVI, in-8º. . . . . 5 fr.

TEMPLE DE BAAL A MARSEILLE, ou grande inscription phénicienne, découverte dans cette ville dans le courant de l'année 1845, expliquée et accompagnée d'observations critiques et historiques. Paris, MDCCCXLVII, gr. in-8º. . . . . 5 fr.

APERÇU HISTORIQUE sur l'Église d'Afrique en général, et en particulier sur l'Église épiscopale de Tlemcen. Paris, MDCCCXLVIII, in-8º. . . . . 2 fr. 50 c.

MÉMOIRE sur deux inscriptions puniques découvertes dans l'île du Port-Cothon à Carthage. Paris, MDCCCXLVIII, in-fol. . . . 3 fr.

MÉMOIRE sur trente-neuf nouvelles inscriptions puniques, expliquées et commentées. Paris, MDCCCLII, in-4º. . . . . 5 fr.

Paris. — Imprimerie de POMMERET et MOREAU, 17, quai des Augustins.

LE SAHARA ET LE SOUDAN

DOCUMENTS HISTORIQUES ET GÉOGRAPHIQUES

RECUEILLIS

Par le CID-EL-HADJ-ABD'-EL-KADER-BEN-ABOU-BEKR-ET-TOUATY.

AVEC UN ALPHABET TOUAREG INÉDIT.

Nous croyons faire quelque chose d'utile au progrès de la science et être en même temps agréable aux lecteurs de la *Revue de l'Orient*, en leur offrant ici la traduction d'un document arabe manuscrit qui a été mis à notre disposition par le voyageur français El-Hadjy-Abd'-el-Hamid-Bey (du Couret), actuellement à Paris. Les renseignements que ce document renferme sont, en grande partie, géographiques et se rapportent au Sahara algérien aussi bien qu'au Soudan. Malgré le travail si remarquable du général Daumas sur ces contrées de l'Afrique; malgré les nombreux et curieux articles de M. Prax publiés sur le même objet, dans cette revue [1], et d'autres écrits dont il serait trop long de faire l'énumération, l'intérieur de l'Afrique et le Sou-

---

[1] Voir les années 1848, 49 et 50 de la *Revue de l'Orient*, bulletin de la Société orientale de France.

dan sont encore si peu connus, qu'on ne saurait accueillir avec trop d'empressement tout ce qui peut ajouter à la faible somme de notions que nous possédons sur cette partie si intéressante du globe terrestre.

Ce qui recommande également le document en question, c'est qu'il contient un alphabet nouveau et complet de l'écriture usitée chez les Touareg et appelée *tifinag*. Cet alphabet, qui diffère presque totalement de ceux qui ont été publiés jusqu'ici [1], a été recueilli en dernier lieu dans le Sahara par un habitant du Touât, le Cid-el-Hadj-Abd'-el-Kâder-ben-Abou-Bekr, d'après la recommandation du commandant Boissonnet, qui l'avait chargé également de plusieurs autres missions. Du reste la majeure partie des renseignements dont nous donnons ici la traduction, sont dus au même Cid-Abd'-el-Kâder, et c'est lui qui, le premier, les a consignés par écrit; quelques-uns ont été ajoutés à la rédaction primitive par les soins d'El-Hadjy-Abd'-el-Hamid-Bey, et sous la dictée du voyageur touatien. Le tout a été ensuite revu, corrigé et copié par El-Hadj-Mohammed-Abd'-el-Djelyl, fils du sultan du Fezzan.

I. — El-Hadj-Abd'-el-Kâder-ben-Abou-Bekr, natif d'Al-Metediccât, village du district d'Aoulef (Aoulef est un village dépendant d'Abou-el-Kebyr), étant venu à Tougourt, se présenta à El-Hadjy-Abd'-el-Hamid-Bey, à qui il communiqua l'alphabet transcrit ci-dessous, ainsi que le présent écrit et la liste des noms des chefs établis le long de la route qu'il avait parcourue dans le Sahara. Il avait recueilli ces renseignements et apporté cet alphabet d'après les instructions données à lui par un offi-

---

[1] Voyez *Revue archéologique*, tome IV, p. 489; *Seconde Note sur une pierre gravée trouvée dans un ancien tumulus américain*, par M. Jomard, Paris, 1845, et *Journal asiatique*, cahier de mai 1847, p. 461, et cahier de mars 1849, p. 264.

cier français, le capitaine Bou-Senna (Boissonnet). De Tougourt, il fut envoyé par le susdit Hadjy-Abd'-el-Hamid-Bey à Biscra auprès de sa seigneurie le colonel Boudville, pour déposer entre ses mains les renseignements en question et les objets que le capitaine Abou-Assen l'avait chargé de lui procurer, rendre compte aux commandants supérieurs français du résultat de sa mission et leur annoncer que lui, Abd'-el-Kâder-ben-Abou-Bekr, avait rapporté de son voyage l'alphabet des Touareg et la liste des noms des chefs et des peuples dont il avait traversé le territoire. Voici ce qu'il a raconté lui-même : Le capitaine Bou-Senna lui avait donné la somme de 500 fr., et comme il lui restait de l'argent, il était retourné à Constantine, où il avait acheté des marchandises pour le prix de 140 fr. De là, il était revenu à Biscra, de Biscra à Tougourt et de Tougourt à Temacin, où il fit une convention avec les Chaambah, pour qu'ils le conduisissent avec eux jusqu'à Warguelah. Ayant quitté cette dernière ville, ils avaient atteint un lieu appelé Matmât, à une demi-journée de distance de Temacin, lorsqu'ils furent assaillis par les Saïd-Ouled-Amer qui dévalisèrent complétement la caravane et ne lui laissèrent à lui que sa chemise. De Matmât, on se dirigea du côté de Ngouçah. Là, il fut accueilli, avec toute la caravane, par le chéikh de la ville, nommé le chéikh Ahmed-ben-Anbêby, lequel voulut bien donner des vêtements à lui et à tous les gens de la caravane. De Ngouçah, il se rendit à Warguelah, et de là à Mezab. De Warguelah à Mezab, on compte quatre journées de marche. De Mezab il se rendit à Metlyly. Entre Metlyly et Mezab, il y a une demi-journée de chemin. De Metlyly, il alla à Al-Goléâh. Sur sa route il vit un puits, que les gens du pays appellent Byr-ez-Zérar, et dont l'eau, douce et extrêmement agréable, servit à le désaltérer. Il mit cinq jours pour aller de Metlyly à Al-Goléâh. Al-Goléâh est une petite ville bâtie sur une montagne et habitée par les Châanbah Al-Mâdhy. En quittant Al-Goléâh, il marcha cinq jours dans la direction de l'ouest, et le sixième il arriva vers le soir à Timimoun : c'est une grande cité dont les marchés sont fréquentés par les gens de Cy-el-Chéikh, par les Hamian-Chéragah, les Ouled-Ziâd, les Derreg, les Rézâin, les Dharaf, les Ghiâther, les Dhouï-Ouled-Cy-el-Chéikh-Ahmed, les Lakhdar et les Châanbah. De Timimoun il poursuivit sa route vers Aoulef, sa patrie, où il arriva après une marche de sept jours. C'est là qu'il se mit à rédiger les renseignements désirés par le capitaine Abou-Assen, en commençant par les noms des chéikh des tribus établies le long de la route qui mène à Tinbektou, à Djenné, à Sansandé, à Chégou, à Melly, à Hanbaré et à Bent-Founy.

La première ville que l'on rencontre en avant d'Aoulef, c'est Ain-Sâlehh. Les notables et chefs du pays sont les personnages suivants, savoir : El-Hadj-Mohammed, fils d'El-Hadj-Ahmed, fils d'Al-Mokhtar; El-Hadj-Ahmed-El-Habyb, fils d'El-Hadj-Soughry; El-Hadj-Mohammed, fils de Cy-el-Hadj-ben Abadjoud, et son frère, El-Hadj-Abd'-el-Kâder ; Mohammed-ben-Ahmed-Daoud et Baghr-dâdy-Ben-Hammou. Les marabouts de la contrée sont : El-Hadj-Mohammed-es-Sâlehh et Cydi-ben-el-Hadj-Abd'-el-Kâder. Le chef des Touareg, habitants de Hagân, tribu des Kyla-Titouga, se nomme Ama-Assotân, et celui des Kyla-Aghrla, Kerâdjy.

Voici maintenant les caractères dont ils se servent pour leur écriture; ils les appellent *tifinag*, et les emploient pour rédiger leurs chroniques et leurs autres compositions. Ces caractères sont reproduits ici avec fidélité, sans changement ni altération, et leur existence ne saurait être la matière d'un doute, d'une contestation.

Prononciation.	Arabe.	Tifinag.	Français.
Elif	ا	ⵞ	A.
Bè	ب	⊖	B.
Tè	ت	+	T.
Thè	ث		Th.
Djim	ج	ⴶ	Dj.
Hha	ح	ⵂ	Hh.
Kha	خ		Kh.
Dal	د	ⵙ	D.
Dhal	ذ		Dh.
Rè	ر	□	R.
Zè	ز	ⵅ	Z.
Tta	ط	ⵎ	Tt.
Zha	ظ		Zh.
Kaf	ك	‖	K.
Lam	ل	ⵏ	L.
Mim	م		M.
Noun	ن	ⵉ	N.
Ssad	ص	#	Ss.
Ddad	ض		Dd.
Aïn	ع		V.
Ghraïn	غ		Ghr.
Fè	ف		F.
Qaf	ق		Q.
Sin	س	⊙	S.
Chin	ش	ⵝ	Ch.
Hè	ه		H.
Waou	و		W.
Lam-élif	لا		La.
Yè	ي	ⵗ	Y.

Comme on voit, les Touareg comptent vingt-cinq lettres et il leur en manque quatre.

Voici comme ils écrivent, d'après cet alphabet, le *bismi 'llahi 'rrahmani 'irrahim* :

ƎY∷⊡‖Ʋ⌐∷⊡‖Ʋ⫶‖‖Ʋ⊐ƆΘ

Au nom de Dieu clément et miséricordieux.

Tel est l'alphabet tifinag, que nous avons transcrit ici et copié fidèlement, sans changement ni altération aucune. Salut de la part de celui qui a copié l'alphabet ci-dessus, El-Hadj-Abd'-el-Kâder, fils d'Abou-Bekr-et-Touâty, fils de Haïbet-Allah, de la postérité d'Aly. L'an 1266.

II. — De Aîn-Sâlehh, on va faire halte à Aîn-Ghyr. De Aîn-Ghyr, on se dirige vers Tyt; de Tyt, on se rend à Aoulef; de Aoulef, on poursuit sa route vers Agably. Arrivé là, on s'avance vers Al-Ghrâbah; d'Al-Ghrâbah, on va à Ouellen. Après avoir quitté Ouellen, on entre dans le territoire de Tanezrouft. De Tanezrouft, on marche dans la direction du sud pendant sept jours, au bout desquels on arrive auprès d'un puits nommé *Byr-Em-ghanân*. Après quatre nouveaux jours de marche, on rencontre un autre puits qui est connu sous le nom de *Byr-Tantynah*. Vient ensuite le pays des Touareg, qui s'étend à votre gauche l'espace d'environ quatre journées de marche. Au bout de ce temps, on arrive à un village (*dacherah*) que l'on appelle *El-Mabrouk*. En sortant d'El-Mabrouk, on marche pendant quatre jours, et vers le milieu du cinquième l'on entre dans un village appelé *Abou-Adjebéah*, habité par les *Berabich* et les *Kontah*. Leurs enfants sont blancs quand ils naissent, mais à mesure qu'ils grandissent, ils contractent la couleur noire, ce qui vient de la chaleur du climat. D'Abou-Adjebêah à Al-Ghrâbah, l'on compte trois jours de marche. Après avoir quitté Al-Ghrâbah, on continue sa route pendant deux jours et le troisième l'on arrive à Tinbektou. Tinbektou est une ville considérable et possède trois minarets. Anciennement, elle était soumise aux habitants d'Ar-Rama, mais ensuite elle leur fut enlevée par les Foulans, qui, à leur tour, furent dépossédés par Kâou et son fils An-Nâbighr. Plus tard, elle tomba au pouvoir des Arabes et elle fut alors gouvernée par les Ouled-Cidi-Chéikh-el-Mokhtar. Elle n'a jamais demeuré longtemps entre les mains du même maître, étant soumise tantôt aux Foulans, tantôt aux autres tribus du désert, et devenant toujours la proie du plus fort : voilà ce que nous avons vu de nos propres yeux et ce que nous savons de l'histoire de cette ville.

Quant aux chefs d'Aoulef, voici leurs noms : El-Hadj-Mohammed-Kâouy, El-Hadj-Ould-el-Hadj-Ahmed-ben-Dahha, El-Djylâny-ben-el-Bellâl, Mohammed-ben-Ahmed-el-Habyb. Ils appartiennent tous à la tribu des Ouled-Iznân.

La tribu des Ouled-Yahia reconnaît pour chefs Al-Mobârek-Ould-Goumah et Mohammed, fils d'El'-Hadj-Abd'-Allah-el-Djiaouny. Les schérifs d'Aoulef et de Schelly sont Mouley-Aly-Esch-Schérif et Cidi-el-Kabyb-ben-Mohrez.

Les habitants d'Ouellen reconnaissent pour chefs les personnages dont les noms suivent, savoir : Cidi-Mohammed-el-Wâfy, fils de Mouley-Ahmed ; Mohammed, fils de Mouley-Ahmed, fils de Haybah ; Mouley-el-Yazyd, fils de Cidi-el-Wâfy ; Cidi-ben-Aly-Esch-Schérif, et Mouley-Abd'-el-Mâlek, fils de Mouley-el-Araby. Nous leur avons parlé des Français en faisant l'éloge de leur gouvernement et de leur équité. Nous avons parlé dans le même sens aux Arabes, aux Touareg et aux gens de Tinbektou : tous ont accueilli nos paroles avec faveur et nous ont répondu : Si quelque Français venait au milieu de nous, nous le verrions avec plaisir et il ne recevrait de notre part que de bons procédés et des gages de sécurité.

Les Arabes établis dans ces contrées vivent sous la domination des Touareg; ils n'ont pas de chef particulier.

Les Touareg de la circonscription de Tinbektou sont les Contah, les Berâbisch, les Agled, les Tedmagt, les Oulimeden, les Benta-Founy, dont le territoire s'étend de Djenné à Zabram, dans le voisinage de Segtou, ville des Foulans. Ceux-ci avaient autrefois pour chef Mohammed Billou; aujourd'hui ils sont commandés par le sultan May-Omar, fils du précédent.

Quant au sultan qui commande tous les Arabes et règne sur les contrées que nous avons mentionnées ci-dessus, il se nomme An-Nâbighr-Ag-Kâou-Ighrni-Ag. Du lieu de sa résidence au Touât, on compte quarante jours de marche. Ce lieu se trouve situé au sud-est du Touât, car c'est dans cette direction que vont les commerçants du Touât, quand ils se mettent en route pour ces contrées.

J'ai cherché à connaître l'écriture des noirs, de ceux qui habitent Tinbektou, Sansandé, Djenné, Schégou, Melly, Mambara, Mouschy, Scherga, Miga, Hanbaré : je n'ai trouvé chez eux ni livre, ni écriture, ni alphabet. Seulement, les noirs qui sont musulmans font usage de l'écriture arabe. Quant à ceux qui professent la religion des Mages (les païens) et qui adorent les rochers et les arbres, ils ne possèdent ni livre, ni écriture.

Au sujet des mines d'or, vous saurez que la plus considérable se trouve à Schegou; les autres sont à Kerkâry, à Melly, à Ghranât, à Bitta. L'or de Bitta est exploité et livré au commerce. De Tinbektou à Sansandé la distance par terre est de huit jours. Pour aller de Sansandé à Schégou, l'on met une journée en voyageant par terre, mais le trajet par eau et sur une barque est préférable. Il n'y a pas de rivière navigable entre Sansandé et Tinbektou, et l'on est obligé de faire le trajet par terre, quand on veut se rendre d'une de ces villes à l'autre.

Djenné est située au-delà de la rivière ; pour arriver à cette ville, il est nécessaire de traverser le Nil. Il en faut dire autant de Hanbaré, ville qui se trouve dans le voisinage du *Bahr-en-Nil*.

Les minéraux abondent dans les contrées que nous avons parcourues, et on en trouve en différents endroits. Nous y avons vu la pierre du chat, du talc, du cristal, du marbre vert, du marbre rouge et du marbre noir. Nous y avons trouvé également de l'alun, de la couperose, du natron et du sel vivant (sel gemme).

Quant aux pierres précieuses, on en compte vingt-cinq espèces. La première espèce comprend les rubis et toutes les pierres fines que produisent l'Inde et la Chine.

Il y a quatre espèces de rubis : le plus beau est le brahmine rouge (rubis spinelle). Après lui les pierres les plus estimées sont :

Le rubis jaune (topaze orientale jaune) ;

Le rubis semendji, ou ismendji (hyacinthe) ;

Le rubis zeyti (tourmaline jaune [1]) ;

Le rubis semâwi (saphir bleu) ;

---

[1] La tourmaline est une pierre très-tendre et n'appartient pas à la même famille que les rubis.

Le rubis blanc transparent (topaze orientale blanche,
ou saphir blanc);

La pierre verte (aigue-marine);

Le rubis zebâby (tourmaline verte);

L'émeraude verte et l'agate (la cornaline, etc.).

Il y a deux espèces de diamants [1], le blanc et le bleu.

Viennent ensuite les perles qui sont produites par un
coquillage. Les plus belles sont celles qui sont d'un
blanc éclatant [2].

Quant aux diamants, j'en ai trouvé dans notre pays au
milieu de certaines pierres noires. Il nous a été impos-
sible d'en prendre des fragments, parce que les pierres qui
les contiennent sont d'une dureté telle, qu'on ne peut
les casser avec un outil de fer, et que même elles cassent
le fer. Ces diamants, qui croissent dans le cœur des
pierres, se présentent sous la forme de grains de gre-
nade; ils sont excessivement pesants et brillent comme
le verre de Pharaon, reflétant une couleur qui tient du
blanc et du bleu.

Les pierres les plus estimées sont d'abord les rubis,
ensuite les perles, puis les diamants et l'œil du chat (la
chatoyante). Celles qui viennent après celles-là ont plus
ou moins de valeur, selon l'appréciation individuelle des
commerçants.

Les habitants de l'Inde et ceux de la Chine disent que
le rubis et l'œil du chat sont tirés de la même mine et
possèdent les mêmes propriétés. Il y a dans l'Inde des

[1] Il n'y a qu'une seule espèce de diamant, mais l'on en trouve de
toutes les nuances, depuis le blanc le plus vif et le plus transparent jusqu'au noir le plus opaque et le plus foncé.

[2] Nous devons la synonymie française de la plupart de ces pierres précieuses à l'obligeance de M. Briquet, joaillier au Palais-Royal.

gens qui savent les polir et les façonner artistement. Ils les enchâssent dans leurs idoles comme ornements. Les commerçants s'estiment très-heureux quand ils peuvent s'en procurer pour leur négoce.

Comme le rubis est une pierre dure sur laquelle le fer n'a pas de prise, pour le percer, le polir et le façonner, les lapidaires se servent du diamant, qui est la plus dure des pierres, et qui ne peut se tailler qu'à l'aide de ses propres fragments, les uns étant plus durs que les autres.

Salut. C'est de Dieu que vient le secours et le succès. Son serviteur, El-Hadj-Abd'-el-Kâder-ben-Abou-Bekr-et-Touâty. L'an 1266.

III. — Relativement aux lieux où nous avons découvert les pierres que nous avons apportées, en nous conformant aux ordres du capitaine Abou-Assen, il faut savoir que c'est entre Aîn-Ghyr, Tyt et Aoulef. Pour ce qui est des pierres noires qui contiennent les diamants, on en trouve entre Ouellen et Agably.

Quant à l'arbre qui produit la gomme arabique, il croît dans les forêts de Tinbektou. Ses branches sont armées d'épines. Les habitants du Soudan l'appellent *fringaia*. Ils donnent à l'oum-en-nès (arbre qui produit le *bokhar-es-soudâny*) le nom de *dâschy*, et à la résine qui en provient, celui de *thourâry-yalbarcah*. L'arbre qui produit l'encens (*louban*), ils l'appellent *hanou*. Il y a également chez eux un arbre qui produit une résine semblable au benjoin et qu'ils nomment *hatholy*. Cet arbre produit des baies qui ressemblent à celles de l'olivier et d'où on extrait de l'huile, mais ses feuilles sont pareilles à celles du laurier-rose (*deflah*). L'arbre qui produit l'encens noir s'appelle *medâschy :* la résine qui en découle c'est l'encens noir. Les habitants se servent des fruits du médâschy pour faire une huile qui ramollit la peau et guérit de la gale les bœufs et les chameaux. On trouve chez eux un palmier qui ressemble au *doumâia* : avec la pulpe de ses fruits on fait une huile qui est de couleur jaune, et de leurs noyaux on extrait une autre huile, mais blanche et amère, laquelle sert à l'éclairage et est employée pour la guérison des blessures. Il croît dans leur pays un autre arbre fort grand appelé *kouka* (le *baobab*). Les fruits du kouka sont de la grosseur d'un melon, et leur écorce est dure comme celle des citrouilles. Quand on casse ces fruits, on trouve dans l'intérieur une substance farineuse. On fait infuser cette substance dans l'eau, et l'eau devient acide comme du lait aigri. Quant aux feuilles, on les fait cuire et on les mange comme la *meloukhia* (*corchorus olitorius*).

Ils ont un autre arbre appelé *tefouchia* dont l'écorce leur sert à faire des cordes utiles à ceux que la bile incommode. Pour cet effet, on met tremper dans de l'eau une de ces cordes ; l'eau devient alors jaune, et étant bue par la personne malade, elle la débarrasse de la bile, en lui procurant des vomissements. Il croît également dans leur pays un arbre appelé *kinba* dont le fruit ressemble à une noix et possède une saveur piquante comme le poivre.

Ils appellent le miel *zamoua* et la cire, *dangou*.

L'huile se nomme *kindâcou-chilou* en bornâouy (langue du Bornou) et *may-beky* en afnâouy (langue usitée à Afno).

Les peaux de bœuf, que les Arabes nomment *aglabou*, sont tannées par les noirs dans l'espace d'un jour avec le *karadh* ou fruit du *talh* (*acacia gommifera* de Forskal), lequel fruit ressemble au caroube et est connu à Tunis sous le nom de *mesk-es-senâdek*. Les peaux de bœuf que l'on tanne à Tinbektou s'appellent *yâta*. Les fleurs du *talh* sont jaunes. Avec le bois de cet arbre on fait des coupes et des tasses.

Le cuir rouge se nomme *djenfâta*. Le pays des noirs

abonde en indigo (*nilah*), plante avec laquelle ils teignent le coton.

On y trouve le lin noir avec lequel les habitants font des habillements appelés *laghrbou*. Le *mehlafah*, qui est le *djebbah* des Arabes, se nomme *targuîdy*. Le *seroâl*, ou pantalon, s'appelle *ekraby* dans la langue des Touareg, et *andou* en afnâouy.

L'alun s'appelle *açoum*, *hachîcha* en targuy (langue des Touareg) et *feskou* dans la langue des noirs. Le séné porte le nom de *ahram*. Le natron s'appelle *kalboua* en targuy et *kamoua* en afnâouy. Quant au *serghrin* (*thelephium imperati* Lin.) que l'on apporte de l'Afrique occidentale (le Maroc), les femmes arabes le font brûler pour se parfumer.

Le poivre noir se nomme *messourou*. Le fusil se nomme *bendokiah*, tant dans la langue des Touareg que dans celle des noirs. Le nom du sabre est *takouby*.

IV. — Le Touât compte plusieurs villes qui ont des marchés. Les principales sont : 1° au nord, Timimoun. 2° A l'ouest, Timmi, chef-lieu des Adghra. Timmi a, dans sa circonscription, vingt-cinq villages, dont les marchés sont fréquentés par les Foulans et les gens du Ghrarb (Afrique occidentale). 3° Le château de Tementit, dont le marché est fréquenté par les gens du Sâhel, par les Arabes nomades, les Djecâna, les Ouled-el-Hadj et les habitants du Souf. 4° A l'est, la ville de Tidikelt, dont les marchés sont fréquentés par les noirs de Keylâouy, les gens de Ghrât, ceux de Ghredâmes, de Konta et tous les grands commerçants. Tidikelt est une ville considérable située à l'est de Aîn-Sâlehh.

De Aîn-Sâlehh à Agabli, on compte deux jours et demi de marche. D'Al-Goléah à Aîn-Sâlehh il y a douze jours ; d'Al-Goléah à Metlyly, six ; de Metlyly à Mezab, une demi-journée de marche; de Mezab à Warguelah, quatre jours; de Warguelah à Wady-Souf, quatre; de Warguelah à Tougourt, trois, et de Tougourt à Biscrah, quatre.

Al-Goléah comprenait autrefois deux villes, mais ensuite les habitants de l'une se rendirent maîtres de l'autre, en massacrèrent la population et la ruinèrent de fond en comble. On y voit encore les sources qui furent creusées dans les temps anciens et qui coulent à une coudée et demie au-dessous de la surface de la terre.

Metlyly ne possède pas des sources d'eau courante; elle a seulement des puits. Il faut en dire autant de Mezab.

Al-Goléah est habitée par les Chaanbah-Al-Mâdhy. Les Chaanbah de Metlyly sont connus sous le nom de *Béraziga;* ceux de Warguelah s'appellent, les uns *Ouled-Ismaïl*, les autres *Ouled-Abou-Saïd.* Les Mekhademah, qui campent sur le territoire de Warguelah, forment trois tribus. Les plus nobles sont les Ouled-Ahmed, les Arabes appelés Beni-Thour et les Ouled-Noçaïr; ils fournissent ensemble environ mille fusils.

Les Chaanbah d'Al-Goléah fournissent quatre cents fusils; ceux de Metlyly, mille, et ceux de Warguelah, huit cents.

Le chef d'Al-Goléah se nomme Suleyman-ben-Dâouy; celui de Metlyly, le chéikh Youssef; celui des Ouled-Ismaïn, qui sont établis sur le territoire de Warguelah, Al-Bessâty-ben-Choaïb-ben-Bazouby.

Les Ouled-Abou-Saïd reconnaissent pour chef Ahmed-ben-Esch-Chéikh-ben-Zaouâd. Le nom du chef des Mekhâdemah est Chéikh-Nâcer.

Le gouvernement de Warguelah se trouvait autrefois entre les mains des Ouled-Mouley, qui étaient venus du Tafilelt; ils avaient une origine noble, étant de la postérité d'Aly ; mais ils étaient toujours en guerre entre eux et se massacraient les uns les autres pour avoir le commandement de Warguelah qu'ils se disputaient.

Le premier de cette famille qui régna à Warguelah, ce fut Mouley-Mohammed, qui eut pour successeur Mouley-Massehoud. Après la mort de celui-ci, le trône fut occupé successivement par Mouley-Dhahaby, Mouley-Al-Satyf, Mouley-Aly et Mouley-Suleyman, qui mourut après deux ans de règne seulement. Ensuite il est venu un homme [1] des Ouled-Cidi-ech-Chéikh-Hamza, lequel avait été khalifah de Tlemcen pour les Français. Il s'est emparé du commandement de Warguelah, et son autorité a été reconnue par les tribus arabes, savoir : les Atabah, les Chaanbah, les Mekhâdemah et les Saïd-Hamza, par une fraction des Ouled-Es-Sâïhh, par les Arbâa, les Herzely et une partie des Ouled-Nâïl. Aujourd'hui toutes ces tribus lui permettent, à lui et à ses officiers, de faire des recrues au milieu d'elles et lui sont soumises. Il est sans doute destiné à jouer un grand rôle et à rendre son nom célèbre, comme d'El-Hadj-Abd'-el-Kâder.

Les Atabah se composent de quatre tribus, dont la plus noble est celle des Ouled-Fadoul. Le chef principal des tribus arabes des Beni-Mansour, des Rahabah et des Fetnâschah, se nomme Kaddour-ben-el-Mobârek.

Les villages qui sont du ressort de Warguelah sont les suivants : Arouissât, Cidi-Khouiled-ez-Zâouy, Ahdjadja, Aïn-Amer et Abou-Mendyl. Warguelah est la capitale de tous ces villages.

Les sources de Warguelah sont creusées en dehors de la ville et dans les plaines voisines.

---

[1] Au lieu de ces paroles, on lit dans le manuscrit autographe : *Aujourd'hui il leur est venu un homme pervers qui prétend être schérif. Il se nomme Mohammed-ben-Abd'-Allah.... il s'est révolté contre les Français.*

Au sud-est de Warguelah et à la distance d'une heure de marche, se trouvent les ruines d'une ville antique, du nom de *Djâlou*. On y voit encore les châteaux, les monuments publics et les marchés des anciens habitants. Les eaux y étaient très-abondantes. Maintenant elle est ensevelie dans le sable et il n'en paraît extérieurement que fort peu de traces.

Dans le voisinage d'Arouïssât s'élève une montagne appelée *Krima*, et sur son sommet il y avait autrefois un village et un puits qui a cent cinquante toises de profondeur. Maintenant ce village est en ruines, et il n'est resté d'intact que le puits et un petit nombre d'édifices.

Les sources qui arrosent les jardins de Warguelah ont cinquante coudées de profondeur.

A la distance d'une demi-journée de Warguelah, et dans la direction du nord-est, on rencontre une ville qui a nom Ngouçah. Elle était autrefois gouvernée par les Ouled-ben-Anbâby. Mais ceux-ci ont été chassés dernièrement par le schérif Mohammed-ben-Abd'-Allah, lequel a détruit la muraille d'enceinte de la ville, et s'est emparé de tout ce qui leur appartenait. Les sources de Ngouçah jaillissent sur la surface de la terre et y forment des courants d'eau. Dans les endroits occupés par le sable, les habitants creusent des puits à la manière des gens de l'Ouâdy-Souf[1]. Les villages d'Alalia et d'Al-Hadjirah possèdent également des puits comme ceux de l'Ouâdy-Souf. Quant à Kouka, elle a des sources comme celles de l'Ouâd-Righr, mais moins profondes[2]. Il en est

---

[1] On peut voir la description de ces puits dans le tome IV (1848), page 194, de la *Revue de l'Orient*.

[2] C'est-à-dire des puits artésiens. Voyez la *Revue de l'Orient*, tome IV (1848), page 130.

de même du village de Belidet-Amar. C'est dans cette dernière localité qu'a été enseveli Cidi-Mohammed-es-Sâihh, souche des Ouled-es-Sâihh. On y voit une grande zaouïah et dans cette zaouïah le tombeau de ce saint personnage. Les Ouled-Cidi-es-Sâihh forment deux tribus : les Ouled-Cidi-Ahmed et les Ouled-Cidi-Suleyman.

Les villages qui se trouvent dans la circonscription de Temacin sont les suivants : Cidi-Amer, El-Hâouât, El-Meghrâcel, Temalhet et Al-Bahour. Ils ont pour capitale Temacin. Les sources qui arrosent les jardins de cette ville sont moins profondes que celles de Tougourt.

Les plantes et les arbres qui poussent dans le territoire de Warguelah sont : l'alenda (*ephedra*), le zeita (*limoniastrum guyonianum*), le belbâl (*ephedra*), le dhomran (*centaurea Lippii*), le deryn (*stipa barbata*) et le retem (*spartium Duriœi*). Warguelah possède quantité de mosquées, mais deux seulement sont ornées d'un minaret. La mosquée de la Casbah n'est pas plus grande que les autres. Les plantes et les arbres de Tougourt et de Temacin sont les mêmes que celles de Warguelah. Au sud de Temacin, il y a un lac profond dont l'eau est salée et qui nourrit des poissons.

Entre Tougourt et Temacin, il y a également un lac profond, mais peu salé, où nagent des oies et des poules d'eau. Ses bords sont couverts de cannes, de joncs et de tarfa (*tamarix africana*). Ce lac porte le nom de *Merdjâdjah*.

Le Touât renferme quatre cents daschera (villages). Dans les temps anciens, le Sahara du Touât n'était pas habité ; il en était de même de Warguelah, de l'Oued-Righr, du Fezzan et du Tourghra, dans le voisinage de l'Egypte. Ce fut notre seigneur Dhou'l-Kornéin qui amena les noirs dans ces contrées et les peupla. Le Touât est habité par cinq peuples différents : les Noirs, qui sont les plus anciens dans le pays; les Touareg, les Zénêtah, les Arabes et les Juifs. Ces derniers se sont faits musulmans et ont embrassé la religion des Arabes. Quant aux Zénêtah, ils ont conservé leur langage, qui est le berbère.

Dans le Sahara du Touât croissent les végétaux suivants : le ouden (*lancium amplexicaule*), le talh (*acacia gummifera*), le themat, l'étel (*tamariscus orientalis*), le retem, l'abou recbah (*gazophyllum album*), la coloquinte et le derin qui viennent dans les rivières et les lieux humides. Dans les endroits couverts de sable et les *sebkha*, les plantes les plus communes sont : le zeita, l'alenda, l'azal (*ephedra*), le retem, le dhomran, le belbâl, l'étel et le tarfa. Lorsque les pluies sont abondantes dans le printemps, le sol produit de la roquette, des fèves, du kolkolan (sésame) et du bétyn, qui enivre quand on en mange.

Les animaux qui vivent dans le Touât sont : la gazelle, l'arouï (le *leroui* ou *fichtâll* de Shaw, tome I, 313 et 314), le bakar-el-ouahsch (le bœuf sauvage), l'autruche, le dhib (le chacal), le lièvre, l'ouaral (grand lézard), le dhebb (lézard ordinaire), le cherchiman, le serpent, la vipère, le fehed (le loup-cervier), l'hyène et le hérisson.

Quant aux rivières qui arrosent la contrée, ce sont : 1° l'Oued-Itel, qui coule dans la direction de l'est à l'ouest (on trouve dans son lit du marbre blanc); 2° l'Oued-Loubibed; 3° l'Oued-Homr-ez-Zeita; 4° l'Oued-In-Belbâl; 5° l'Oued-Tilia; 6° l'Oued-el-Abiadh; 7° l'Oued-Timocten, et 8° l'Oued-et-Talh. L'eau de ces oued ou rivières ne coule pas toujours ostensiblement; mais lorsqu'on trouve dans leur lit un endroit humide et marécageux, il suffit de creuser un peu dans le sable pour l'y rencontrer.

Après avoir quitté les bords de l'Oued-Itel, on a devant soi une colline qui se nomme *Al-Kâadah*. Non loin de l'Oued-el-Abiadh, il y a également une colline qui porte le nom de *Hammou-Anan*, dont la roche est noire et blanche (grise). On laisse ensuite derrière soi la montagne et l'on entre dans la route qui mène à Aîn-Sâlehh, entre Aoulef et Tyt.

Tels sont les renseignements qu'il nous a été possible de recueillir pendant notre voyage. Salut de la part d'El-Hadj-Abd'-el-Kâder, fils d'Abou-Bekr-et-Touâty, fils de Haybet-Allah, de la postérité du khalife Aly.

Ecrit l'an 1268 (1851).

Bulletin de la Société orientale de France

REVUE
DE L'ORIENT, DE L'ALGÉRIE
ET DES COLONIES,

GÉOGRAPHIE, VOYAGES, HISTOIRE, LITTÉRATURE,
SCIENCES, COLONISATION, AGRICULTURE, COMMERCE, RELIGIONS, MŒURS
ET COUTUMES DES PEUPLES.

Rédigée par les Membres de la Société orientale.

RÉDACTEUR EN CHEF, **M. E. D'ESCHAVANNES.**

Cette *Revue* se publie depuis 1843, elle paraît le 5 de chaque mois, par cahier de 4 à 5 feuilles grand in-8°.

Le prix de l'abonnement pour l'année, *franco*, est fixé :

Pour Paris, la France et l'Algérie, 20 fr. — Pour l'étranger, 24 fr.

ON S'ABONNE A PARIS,

Au Bureau de la *Revue*, chez JUST ROUVIER, 20, rue de l'École-de-Médecine.

La Collection complète, de 1843 à 1852, forme 23 volumes. Prix : 100 fr.

SOCIÉTÉ ORIENTALE DE FRANCE.

PRÉSIDENT : M. le duc de **Larochefoucauld-Doudeauville.**

VICE-PRÉSIDENTS : MM. **Audiffred,** juge au tribunal de Commerce de la Seine;
Le vicomte de **Kervéguen,** député au Corps législatif.
Le comte **A. de Pomereu;**
Le docteur **Girou de Buzareingues,** député au Corps législatif.

SECRÉTAIRE GÉNÉRAL : M. **E. d'Eschavannes.**

Cette Société, fondée en 1841, a été autorisée par décisions des ministres de l'intérieur et de l'instruction publique; elle s'occupe de tout ce qui intéresse le présent et l'avenir des divers pays de l'Orient, de l'Algérie et des colonies. A l'étude de la géographie, de l'histoire naturelle, de l'ethnographie, elle joint l'examen de l'histoire orientale contemporaine, celui des religions, des lois et des institutions, l'observation des mœurs et des coutumes, l'appréciation des littératures et des sciences, et enfin l'exposé des industries et du commerce de l'Orient, de l'Algérie et des Colonies françaises et étrangères. Elle cherche à mettre en évidence tout ce qui, dans ces divers pays, peut être utile aux progrès généraux de la civilisation et aux intérêts particuliers de la France.

Depuis sa fondation, la *Revue de l'Orient, de l'Algérie et des Colonies,* BULLETIN DE LA SOCIÉTÉ ORIENTALE DE FRANCE, a publié de nombreux et intéressants articles sur les pays de l'Inde, de la Chine, de l'Océanie, de la Turquie, de l'Egypte, de la Perse, de l'Abyssinie, etc., et sur les différentes parties de l'Afrique, du Maroc, de Tunis, etc. Ces articles ont été écrits par les voyageurs eux-mêmes, et on peut voir que la vérité et l'exactitude n'enlèvent rien à l'intérêt des récits. Aujourd'hui que l'attention de la France se porte avec tant de sollicitude vers nos provinces de l'Algérie, la *Revue* s'applique à publier sur les intérêts, les besoins, l'avenir de nos possessions d'Afrique, des documents et des renseignements pris au meilleures sources.

Tout ce qui concerne la **Société orientale** doit être adressé au Bureau de la REVUE DE L'ORIENT, 20, rue de l'Ecole-de-Médecine.

JUST ROUVIER, LIBRAIRE-ÉDITEUR,
20, RUE DE L'ÉCOLE-DE-MÉDECINE, PARIS.

Nouvelles publications.

VOYAGE EN CHINE

TÉNÉRIFFE. — RIO-JANEIRO. — LE CAP. — ÎLE BOURBON.
— MALACCA. — SINGAPORE. — MANILLE. — MACAO. — CANTON. —
PORTS CHINOIS. — COCHINCHINE. — JAVA.

PAR M. C. LAVOLLÉE,

Membre de la mission de France en Chine, etc.

1 volume in-8°. — Prix : 6 fr.; *franco*, 7 fr. 50 c.

HISTOIRE DE LA VILLE DE CORINTHE

RELATION DES PRINCIPAUX ÉVÉNEMENTS DE LA MORÉE,

Par M. **E. d'Eschavannes**, Secrétaire général de la Société orientale de France.

1 beau vol. gr. in-8°.—Prix : 6 fr. (*Pour paraître prochainement.*)

NOTICE HISTORIQUE SUR LA MAISON DE LUSIGNAN

SON ILLUSTRATION EN OCCIDENT ET EN ORIENT,

Par M. **E. D'ESCHAVANNES,** Membre de la Société orientale de France.

1 vol. in-8°. — Prix : 2 fr. 50 c.

SOUVENIRS DIPLOMATIQUES DE LORD HOLLAND

Publiés par son fils lord Henri Edouard **HOLLAND.**

1 volume grand in-18. — Prix : 3 fr. — *Franco*, 3 fr. 50 c.

LE COMMERCE EN ALGÉRIE

ÉTUDES SUR LE PEUPLEMENT UTILE DE L'AFRIQUE FRANÇAISE.

Par M. **THÉO. LAUJOULET,** élève de l'École de commerce.

1 vol. grand in-8° avec une *Carte*. — Prix : 3 fr. 50 c. — *Franco*, 4 fr. 50 c.

CARTE DE LA RÉGENCE DE TRIPOLI

ET DES PRINCIPALES ROUTES COMMERCIALES DE L'INTÉRIEUR DE L'AFRIQUE

Par **MM. PRAX ET RENOU,**

Une feuille in-plano. — Prix : 3 francs.

Cette Carte a été dressée d'après les voyages et les études de ces deux voyageurs.

PRAX. Commerce de l'Algérie avec la Mecque et le Soudan. In-8 . . . . 1 50
SAUCEROTTE. Tableau synoptique des races humaines, montrant leur origine, leur distribution géographique, leurs caractères distinctifs, etc. Une grande feuille in-plano, figures coloriées. . . . . 3 »

Paris. — Imprimerie de POMMERET et MOREAU, quai des Grands-Augustins, 17.

www.ingramcontent.com/pod-product-compliance
Lightning Source LLC
Chambersburg PA
CBHW051435060726
47596CB00006B/2500